Handblaudruck

IN SCHEESSEL

Auf dem Titel: Model (Seite 28), Decke mit dem Motiv „Die Chinesische Jagd“ (Seite 19)

Produktion/Koordination: Gerd Grohbrüg, Scheeßel
Fotos: Eike R. Knopf - Foto Design Studio/Bremen, Archiv Heimatverein Niedersachsen e.V. Scheeßel, Annerose Rathjen
Text: Elisabeth Klatte, Kulturwissenschaftlerin, Bremen und vom Blaudruckerteam: Annerose Rathjen, Heike Thomas, Sabine Berger
Covergestaltung/Layout: freestyle computer, Maria Sperr, Hamburg

ISBN: 978-3-9807741-7-8

Handblaudruck

IN SCHEESSEL

Inhalt

Vorwort

Als der Heimatverein Scheeßel 1973 Model und Arbeitsgeräte der Blaudruckerei Heinrich Müller von dessen Enkel Klaus Müller erwarb, übernahm er damit die Verpflichtung, dieses in Scheeßel noch bis1950 gewerblich ausgeübte Handwerk zu pflegen und zu überliefern. Mit der Restaurierung eines ehemaligen Kornspeichers auf dem Meyerhof durch den langjährigen Vorsitzenden Friedrich Behrens und weitere Ehrenamtliche des Heimatvereins und dessen Umnutzung als Werkstatt war der erste Schritt getan, doch ebenso bedeutsam für das Fortleben dieses Handwerks innerhalb des vom Heimatverein geschaffenen Scheeßeler Heimatmuseums war die Bereitschaft des gelernten Blaudruckers Alfons Friese, hier ehrenamtlich in der Freizeit zu arbeiten und auch jüngere Mitarbeiter in das Geheimnis von „Hexen und Blaufärben" einzuweisen.

Mit dem nun vorliegenden Buch zum Blaudruck möchten wir einen Einblick geben in dieses altüberlieferte und geheimnisumwitterte Handwerk und zudem auch Begriffe aus der Färberzunft hinzufügen, deren Bedeutung inzwischen fast in Vergessenheit geriet. Zugleich möchten wir vermitteln, welche Faszination davon ausgeht, mit Papp und Model Muster zu übertragen, welche Freude es ist, wenn im Spülbad das weiße Muster erscheint und ein Unikat gelungen ist.

Unser Dank gilt dem Blaudruckerteam, das gemeinsam mit Elisabeth Klatte an Text und Buchgestaltung arbeitete sowie Gerd Grohbrüg für die Koordination. Danken möchten wir auch den Spendern, die zur Finanzierung der Drucklegung beitrugen, insbesondere dem Rotary-Club Rotenburg und der Sparkassenstiftung sowie der Gemeinde Scheeßel.

Übrigens, das Heimatmuseum Scheeßel besteht nicht nur aus den sechs historischen Fachwerkgebäuden auf dem Meyerhof mit Weberei, Kunstgewerbehaus, Blaudruckspeicher, Schmiede, Häuslingshaus und Schafstall, sondern dazu gehören auch das Heimathausgelände mit Rauchhaus, Flechtscheune, Speicher, Backhaus, Schafstall und Wirtschaftsgebäude. Das Museumskonzept beinhaltet auf der Hofanlage des Heimathauses „Bäuerliches Leben und Wirtschaften im 19. Jahrhundert", während der Meyerhof der Pflege überlieferter Handwerkskunst, wechselnden Ausstellungen und Kursen in der Erwachsenenbildung dient. Sonderführungen durch das gesamte Museum und Museumspädagogik sowie Museumstag, Museumsnacht und Kunsthandwerkermarkt gehören selbstverständlich zu den Angeboten des vom Heimatverein ehrenamtlich geführten Museums. Besuchen Sie uns! Lassen auch Sie sich bezaubern von dem „blauen Wunder."

Christine Behrens (Vorsitzende)

„Hexen und Blaufärben“

Auf dem Meyerhof in Scheeßel herrscht am Wochenende ein geheimnisvolles Treiben:

Mitglieder des Heimatvereins, die an den Wochentagen soliden, bürgerlichen Berufen nachgehen, treffen sich im Blaudruckspeicher und beginnen ihr unheimliches Werk: Undefinierbare Substanzen werden gemischt, man hört dumpfe Schläge und sieht in einem großen Bottich eine gelblichbraune Brühe, aus der üble Gerüche aufsteigen. Unansehnliche Tücher werden geschwenkt und in der Brühe versenkt. Man meint, das Murmeln von Zaubersprüchen zu hören. Aus Weiß wird Grün, aus Braun wird Farblos, aus Weiß wird Blau, und auf Blau erscheint ein weißes Muster.

Was geht hier vor?

Haben Sie Lust, mehr von dieser blauweißen Hexerei zu erfahren, dann werden die folgenden Seiten Ihnen viel Spannendes und Wissenswertes darüber erzählen.

Der Meyerhof: Heimatmuseum Scheeßel

Zur Geschichte des Zeugdrucks

Schon die Geschichte des Blaudrucks könnte Stoff für einige Historien- und Kriminalfilme bieten.

Wer weiß schon, daß vor 300 Jahren in großem Stil Spione, Schmuggler, Gesetzesbrecher und Spitzel um die halbe Welt reisten, nur um in den Besitz von Indigo, der typischen blauen Farbe zu kommen, ohne die es heute keine Jeans gäbe? Die Obrigkeit drohte mit strengsten Strafen und bemühte zur Abschreckung sogar den Teufel – vergeblich. Die Schmuggler und Spione siegten, das Geheimnis um die Wunderfarbe wurde gelüftet.

Es begann – wie so viele Wunder – im Orient. In Indien und Indonesien verstand man schon Jahrhunderte vor Christi Geburt, Stoffe zu färben und durch Bemalen kunstvoll zu gestalten.

Die FARBSTOFFE stellte man aus Pflanzen her, z. B. Rot aus Krapp (Rubia tinctoria) oder Rotholz (Caesalpinia), Gelb aus Safran (Crocus satirus) oder Wau (Reseda luteola), Blau aus Waid (Isatis tinctoria) oder Indigo (Indigofera tinctoria/Indigofera argentea).

Auch aus Tieren (z. B. Purpurschnecke, Schildlaus) oder Mineralien (Kobalt, Zinnober, Grünspan) wurde Farbe gewonnen.

Im frühen Mittelalter wurden Färbepflanzen gesammelt oder schon auf den Feldern angepflanzt.

Karl der Große führte nicht nur Kriege und regierte als Kaiser ein riesiges Reich, sondern kümmerte sich auch um alle Einzelheiten der Bewirtschaftung seiner ausgedehnten Ländereien. Die Anweisungen hierfür legte er in seinem umfangreichen „Capitulare de villis" schriftlich nieder. In ihm wird auch der systematische Anbau von Färbepflanzen angeordnet.

Im Laufe der Jahrhunderte wurden im Orient die Stoffe immer farbenfreudiger und phantasievoller gestaltet. Sie wurden dadurch arbeitsaufwändiger, und man suchte deshalb schon in den vorchristlichen Jahrhunderten nach Möglichkeiten, diese kostbaren Muster zu vervielfältigen.

Die Erfindung des STOFF- oder ZEUGDRUCKs brachte die Lösung.

Färberkrapp (Rubia tinctoria); Blühende Pflanze mit Wurzel

Das wichtigste Handwerkszeug des Druckers ist der Model.

Der **Hohlmodel** war schon seit Jahrhunderten in Gebrauch. Man nutzte ihn zum Gießen von Münzen und zur Serienproduktion von Reliefs oder vollplastischen Figuren aus Ton, Wachs oder anderem weichen, aber aushärtenden Material. Heute ist uns die Verwendung von Hohlmodel am besten durch die Herstellung von Schokoladenhasen und Marzipanschweinchen bekannt.

Beim **Druckmodel** – auch Druckstock genannt – ist jedoch nicht der Hohlraum der entscheidende Teil, sondern der erhabene, der sogenannte Steg, der der Träger des zu druckenden Musters ist.

Man unterscheidet zwei Arten der Drucktechnik: Beim **Direktdruck** bestreicht man den Steg mit Farbe und überträgt durch kräftiges Andrücken und Schlagen das Muster vom Model auf den Stoff.

Der **Reservedruck** ist wesentlich komplizierter. Er ähnelt dem im Orient schon seit Jahrhunderten bekannten Batiken. Mit einem aus Öl, Wachs oder einer Leimmasse bestehenden „Statthalter" – der „Reservage" –

Hohlmodel (Inventar Heimatverein Niedersachsen e.V. Scheeßel)

trägt man das gewünschte Muster auf weißen Stoff auf, der anschließend in ein Farbbad getaucht wird. Im nächsten Schritt wird durch Hitze oder chemische Substanzen der „Statthalter" aus dem Stoff gelöst. Unter Einwirkung von Licht und Sonne erscheint dann das bis jetzt unter dem „Statthalter" verborgen gebliebene weiße Muster. Das Gedruckte ist weiß, die Bezeichnung „Blaudruck" also irreführend.

Das älteste in Europa gefundene Beispiel eines im Direktverfahren gedruckten Stoffes stammt aus dem 6. Jahrhundert. Es wurde in einem Bischofsgrab in Südfrankreich entdeckt. Daß schon im 4. Jahrhundert zumindest in Oberägypten die Reservedrucktechnik beherrscht wurde, beweist ein dort aufgefundenes Kinderkleidchen – blau mit Rautenmuster und Sternen.

Im frühen Mittelalter waren Färben und Zeugdrucken Tätigkeiten, die meist von Klosterfrauen ausgeführt wurden. Sie hinterließen ausführliche schriftliche Farbrezepte und Arbeitsanleitungen. Zu dieser Zeit gab es noch keine Trennung von Kunst und Handwerk, und so ist es ein Maler, der Florentiner Cennino Cennini, der um 1400 eine Schrift über den Zeugdruck hinterließ: „Die Art, mit der Form auf Zeug zu malen."

Zunächst stellten die Drucker ihren Model selber her. Einige wenige beherrschten diese Kunst noch bis in das 20. Jahrhundert. Im 15./16. Jahrhundert, besonders aber seit der Erfindung des Buchdrucks entstand der eigenständige Beruf des „Formenschneiders" oder „Modelstechers", der sich aus den Handwerken mit künstlerischer Ausrichtung wie Goldschmied, Siegelschneider, Holzschnitzer, Wachsbildner und ähnlichen entwickelt haben dürfte. Dementsprechend ist auch die Zuordnung der Blaudrucker zu den Zünften sehr unterschiedlich und abhängig von den regionalen Gegebenheiten. Man findet sie z. B. bei den Tucher-, Schreiner-, Goldschmiede- oder Druckergilden, was gelegentlich zu Zwistigkeiten und Kompetenzstreitigkeiten führte.

Kinderkleid im Reservedruckverfahren (4. Jahrhundert) Oberägypten

**Zunftwappen –
Inventar Heimatverein
Niedersachsen e. V. Scheeßel**

Im Ansehen rangierten die Buchdrucker unter den Handwerkern und bei der Bevölkerung wegen ihrer Nähe zur „Gelehrtheit" an erster Stelle, sie genossen zahlreiche Privilegien.Die Färber und Zeugdrucker wurden wegen ihrer Verbindung zur Kunst geschätzt, auch sie selber hatten eine hohe Meinung von sich. Den Webern sagten sie „ ...soll eure Kunst das Aug´ ergötzen, so wird sie erst durch MICH belebt!" und „Todt wär´ Euer Zeug, gäb´ ICH nicht Glanz, Leben, Schönheit, Farb´ und Licht"!

Die Färber und Drucker stellten ihre Farben nach ihren meist geheimen Rezepten selber her und hielten sie schriftlich oft nur in verschlüsselter Form fest. Sie unterlagen strengen Kontrollen durch ihre Zünfte.

Das 16. Jahrhundert brachte einen ungeheuren Aufschwung im Stoffdruckerhandwerk. Durch die Gründung der Ostindischen Kompanie blühte der Seehandel mit dem Orient auf. Man importierte Baumwollstoffe mit leuchtenden Farben und phantasievollen Mustern aus Indien, die die Mode in Europa revolutionierten. Es begann ein Wettkampf unter den einheimischen Färbern und Druckern, trotz strenger Verbote in den Besitz des begehrten Indigos zu kommen, denn er gab ein weitaus schöneres und kräftigeres Blau als der bisher verwendete einheimische Waid. Zu Recht fürchteten die Waidbauern im Hauptanbaugebiet Thüringen um ihre Lebensgrundlage, die Kaufleute um ihren einträglichen Handel mit Waid, die Landesherren um ihren Anteil an den Gewinnen. Der Indigo wurde als „Teuffelsfarb" verdammt. Für Schmuggler brachen einträgliche Jahrzehnte an. Erst im 18. Jahrhundert wurde nach und nach der Indigohandel völlig freigegeben. Hunderte von Waiddörfern waren inzwischen verarmt. Die Kontinentalsperre durch Napoleon brachte ihnen nur einen kurzfristigen Aufschwung. Der Indigo hatte sich endgültig durchgesetzt.

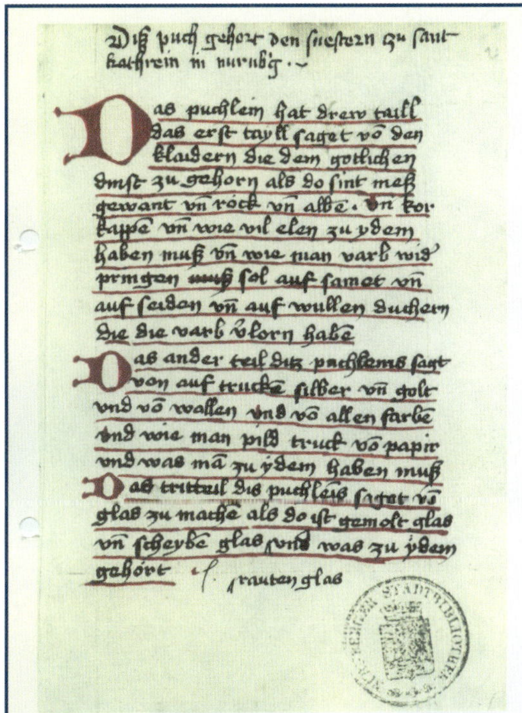
Diß puch gehort den swestern zu sant
katherein in nurnbg.
Das puchlein hat drew taill
das erst tayll saget vō den
klaidern die dem gotlichen
dinst zu gehorn als do sint meß
gewant vn̄ röck vn̄ albē. vn̄ kor
kappē vn̄ wie vil elen zu ydem
haben muß vn̄ wie man varb wid
pringen muß sol auf samat vn̄
auf seiden vn̄ auf wullen duchern
die die varb vlorn habē
Das ander teil ditz puchleins sagt
von auf truckē silber vn̄ golt
vnd vō wassen vnd vō allen farbē
vnd wie man pild truck vō papir
vnd was mā zu ydem haben muß
Das tritteil dis puchleis saget vō
glas zu machē als do ist gemolt glas
vn̄ scheybē glas vnd was zu ydem
gehört   rauten glas

Färberezept 15. Jahrhundert, aus dem Dominikanerinnenkloster St. Katharina zu Nürnberg

Zur Geschichte des Zeugdrucks

Um das zweite Problem, das sich im 16. Jahrhundert den Färbern und Druckern stellte, zu lösen, brauchte man Spitzel und Spione. Die alte Technik des Reservedrucks war über die Jahrhunderte hinweg in Vergessenheit geraten, und nun galt es, diese Technik neu zu entdecken, sie durch Werkspionage auszukundschaften, vor allem die Zusammensetzung der „Statthaltermasse", der sogenannten Reservage, kurz „Papp" genannt. Ob es ein Engländer, ein Belgier oder ein Holländer war, der bei der Jagd nach dem Geheimnis als Sieger hervorging, ist nicht sicher geklärt.

Neuhofer, Augsburg, um 1700 „Pionier des Reservedrucks" in Deutschland

1690 war jedenfalls der Augsburger Jeremias Neuhofer der erste Deutsche, dem es gelang, Blaudruckstoffe in Reservagetechnik mit Indigo herzustellen. Seine Kenntnisse hatte er durch Spionage in Holland erhalten.

Das kräftige Blau des Indigos, das strahlende Weiß des Musters ähnelten dem damals in Europa schon bekannten chinesischen Porzellan.

Die daher auch „Porzellandruck" genannte Technik wurde rasch so beliebt, der Bedarf so groß, daß trotz aller Hemmnisse und Schwierigkeiten zahlreiche Werkstätten entstanden.

Nach der Erfindung des Buchdrucks durch Gutenberg wandten sich viele Zeugdrucker dem Bild- und Buchdruck zu, der ihnen mehr Möglichkeiten zur künstlerischen Entfaltung bot. Ob der Buchdruck auch quantitativ den Zeugdruck rasch überholte, ist kaum zu sagen, denn die meisten Stoffe sind Gebrauchsgegenstände und haben keine lange Lebensdauer. Sie sind daher in wesentlich geringerer Zahl als Bücher bis in die Gegenwart erhalten geblieben.

Ende des 18.Jahrhunderts setzte durch die zunehmende Mechanisierung der Produktion ein Rückgang oder zumindest ein Strukturwandel in nahezu allen Handwerksberufen ein. In den Städten entstanden zahlreiche „Kattundruckereien", die mit den importierten billigeren Baumwollstoffen und Walzdruckmaschinen die Handarbeit ersetzten.

Auf dem Weg zum Blaudrucker: Kundinnen bringen selbst gewebtes Leinen

Auf dem Lande hielt sich der Handdruck jedoch noch. Die Frauen brachten ihren „Hausfleiß“ – selbst gesponnenes und gewebtes Leinen – zum Drucker, der im Lohndruck den Stoff mit den von den Kundinnen gewünschten Mustern versah.

Daraus wurden Decken, Vorhänge, Röcke, Tücher und Schürzen angefertigt, entweder zum sofortigen Gebrauch oder zum Füllen der Aussteuertruhen.

Ende des 19. Jahrhunderts wurde auch in den Städten der Blaudruck wieder beliebt. Hierfür lagen keine wirtschaftlichen oder modischen Gründe vor, sondern eine Veränderung in der Weltsicht, eine kritische Auseinandersetzung mit der stürmischen industriellen Entwicklung und ihren Begleit- und Folgeerscheinungen. Der Ruf „Zurück zur Natur“ ging durch die Städte, durch das Bürgertum. Die Sehnsucht nach der vermeintlich „heilen Welt“ auf dem Lande versuchten die Städter dadurch zu stillen, daß sie mit den Erzeugnissen der ländlichen Blaudrucker ihre Wohnungen mit Decken und Wandbehängen und sich selber mit Blaudruckröcken und -schürzen schmückten.

In den Städten wurden Vereine gegründet, deren Ziel es war, ländliche Kultur und Tradition vor dem Untergang zu bewahren. In Scheeßel ist dieses Ziel erreicht worden – hier ist bäuerliches Handwerk noch lebendig.

In den Notzeiten der Kriegs- und Nachkriegsjahre wurde den Blaudruckern Leinen

Porzellan und Blaudruck: zwei unterschiedliche Produkte – jedoch mit großer Ähnlichkeit im Design

gebracht, entweder aus den wohlgehüteten Aussteuerschränken oder gebrauchte, teils schon etwas fadenscheinige Betttücher, Mehlsäcke oder auch aus alten Heeresbeständen stammende Fallschirmseide. Die Sehnsucht, etwas „Schönes" zu besitzen, war groß.

Das Ende dieser Zeit des Mangels bedeutete auch für die meisten Blaudrucker das Aus.

Die MOTIVE der Stoffdruckmuster entwickelten sich im Verlauf der Geschichte in vielfältige Richtungen. Sie wurden beeinflußt vom Wandel des religiösen, kulturellen und sozialen Lebens und unterlagen den jeweiligen technischen Möglichkeiten.

Im Mittelalter kopierte man die mit Ranken, Blumen und Tieren versehenen Muster der kostbaren byzantinischen Samt- und Seidenstoffe. Sie waren vorwiegend für Herrscher und Geistlichkeit bestimmt. Aus dieser Zeit stammt das bis heute immer wieder auftauchende Motiv des Granatapfels – eine Frucht, die nie bei uns heimisch war, im Volke aber stets einen hohen Symbolwert hatte: im Alten Testament als Zeichen der Gottesgesetze, im Mittelalter als „Reichsapfel" in der Hand des Herrschers und darüber hinaus als Sinnbild der Fruchtbarkeit. Auch in die Porzellanindustrie hat der Granatapfel Eingang gefunden, und zwar in Form des so beliebten „Zwiebelmusters".

Romanische Zeugdrucktapete. Silberdruck auf blauem Leinen, Siegburger Gegend, 12. Jahrhundert

Der Granatapfel – ein beliebtes Blaudruckmotiv

Zur Geschichte des Zeugdrucks

Die Erfindung des Buchdrucks bereicherte den Stoffdruck, die Modelschnitzer verfeinerten ihre Technik, die Motive wurden vielseitiger. Biblische Themen nahmen einen breiten Raum ein und förderten damit Wissen und Bildung derjenigen Bevölkerungsschichten, die des Lesens unkundig waren oder sich keine Bücher leisten konnten.

Die Motive und Bildideen wurden durch wandernde Künstler, Handwerker und Priester in ganz Europa verbreitet. Sie kamen meist aus dem kulturell reicheren Süden in den nüchternen Norden. Man kann daher auch auf Motive der „Hohen Kunst", etwa eines Raffael stoßen, allerdings in einer dem Volke leichter verständlichen Darstellungsweise, eben in „Volkskunst". Da werden zum Beispiel Städte des Alten Testaments mit Kirchen und Kreuzen dargestellt. Das ist zwar geschichtlich völlig unkorrekt, aber der Betrachter erkannte durch diese Symbole, daß es sich um „heilige" Orte handelte.

Die vor etwa 3000 Jahren von Moses zur Suche nach dem „Gelobten Land" ausge-

Josua und Kaleb, die Kundschafter aus dem Alten Testament

„Die Chinesische Jagd" – Model H.D. Meyer, Stade, 18. Jahrhundert

sandten Kundschafter Josua und Kaleb tragen auf einem Blaudruckbild die höfische Tracht des 17. Jahrhunderts: Kniehose, Federhut und Degen. Das ist keine passende Bekleidung für eine Wüstenwanderung, das wußte auch der Künstler. Aber er wußte auch, daß er auf diese Weise dem einfachen Volke deutlich machen konnte, daß es sich bei den beiden um Abgesandte eines Herrschers handelte. Dieses Motiv war auch auf holländischen Fliesen sehr beliebt. Es sollte sicherlich denjenigen Hoffnung geben, die in dem von zahllosen Kriegen verwüsteten Europa umherirrten und auf der Suche nach einer neuen Heimat waren.

Die im 17./18. Jahrhundert so beliebten genrehaften Darstellungen aus dem Leben der Chinesen fanden sich nicht nur in der Malerei und auf Porzellan, sondern auch als Zeugdruck auf Wandbehängen und Stofftapeten.

Im 18. und 19. Jahrhundert, besonders in der Zeit des Rokoko und der Romantik, stand wieder die Ästhetik im Vordergrund: Sträuße, Palmetten, Früchte, Rankenornamentik, figurale Darstellungen in einer Parkszenerie.

Eine große Rolle spielte die Symbolik der Blumensprache: das „bescheidene" Veilchen, die „stolze" Rose, die „unschuldige" Lilie.

Zur Geschichte des Zeugdrucks

In manchen Motiven des Blaudrucks spiegelte sich sogar das Weltgeschehen, die politische Lage des Landes wider – oder eher umgekehrt: Man wollte in Massenproduktionen von Stoffdruckbildern Einfluß auf Stimmung und Denkweise des Volkes nehmen.

So finden sich Friedrich der Große auf Wandbehängen, Kaiser Wilhelm II. auf Taschentüchern, und die Soldaten des Ersten Weltkriegs werden auf Halstüchern glorifiziert. In der Zeit des Nationalsozialismus erkennt man die Muster und Symbole der Blut- und Bodenideologie, in der Zeit der DDR die des Arbeiter- und Bauernstaats.

In der heutigen globalisierten Welt spürt man bei vielen Menschen, daß sie nach Individualität suchen, der Massenware und des unbegrenzten Konsums überdrüssig sind. Man möchte eigene Ideen und Vorstellungen umsetzen und entwickelt Interesse und Verständnis für handwerkliche Techniken und Erzeugnisse.

Da gleichzeitig ein Bedürfnis nach Beständigkeit, Nähe und Gemeinschaft besteht, haben ländliches Leben und bäuerliches Handwerk neue Anziehungskraft bekommen. Man hält Ausschau nach individuell Gestaltetem und sucht auch in Blaudruckarbeiten nach

Blaudruckdecke mit floralem Motiv

Wandbehang mit „Fridericus Rex" – Druckmodel nach H.D. Meyer, Stade

Anregungen, die Phantasie und künstlerisches Empfinden ansprechen und für eigene schöpferische Tätigkeit Vorbild sein könnten. Die traditionellen Muster des Blaudrucks vermitteln uns auch heute noch ein Gefühl von Vertrautheit, von Geborgenheit und Ruhe in unserer sonst so hektischen Welt. Wir sollten uns Zeit lassen beim Betrachten, uns freuen an den Farben und an der Schönheit der Motive – aber auch nachdenken über die Symbolik in ihren Darstellungen und uns fragen: „Was wollte der Künstler uns sagen?"

Die beim Blaudruck ablaufenden chemischen und physikalischen Vorgänge kennen wir heute recht genau. Wenn wir jedoch erleben, wie unter Einwirkung von Wasser, Luft und Sonne allmählich ein strahlend weißes Muster auf tiefblauem Grund erscheint – dann glauben wir doch noch an ein Wunder.

Bei der Heuernte

Das blaue Wunder

Indigo – von diesem Wort ging über Jahrhunderte eine große Faszination aus. Blau ist die Farbe des Himmels und des Meeres. Neben Krapp und Wau ist er einer der ältesten bekannten pflanzlichen Farbstoffe. Frühe Funde stammen aus einer steinzeitlichen Höhle in Frankreich. In Grabkammern der Ägypter, 2000 Jahre vor Christus, wurden mit Indigo gefärbte Bänder gefunden. Der älteste schriftliche Hinweis kann bei Caesar in seinem Buch über den Gallischen Krieg nachgelesen werden: „Alle Britannier färben sich mit Waid (vitrum) blau und sehen daher in der Schlacht ganz schrecklich aus." Auf einem Papyrus eines thebanischen Grabes im 3. oder 4. Jahrhundert nach Christus wird beschrieben, wie man aus Waid einen Farbstoff herstellt.

Der Ursprung der Blau-Färberei mit Indigofera-Arten ist nach heutigem Wissensstand auf dem indischen Subkontinent zu suchen. Darauf weist die Benennung hin: Indigo (span.; lat./griech.: indikón, das Indische), ist ein tiefblauer Farbstoff und bezeichnet auch den Farbton Indigo.

Die tropische Indigopflanze (Indigofera tinctoria/ Indigofera argentea) gehört zu den Hülsenfrüchtlern. Sie trägt unpaarig gefiederte Blätter und rote oder blaue Schmetterlingsblüten in Trauben an den Zweigspitzen. Die Heimat des Indigos liegt in Indien, Indonesien, im tropischen Afrika und in China.

Bei der Farbstoffgewinnung werden die Pflanzenteile zur Blütezeit geerntet, gebündelt und in Gärungsküpen – in die Erde eingemauerte Gruben – aufgeschichtet. Nach einer 8–15 Stunden dauernden Gärung wird die Flüssigkeit in tiefer gelegene Becken abgelassen, wo sie mit Holzlatten geschlagen wird. Durch diese Behandlung gelingt Sauerstoff in die Lösung, und das farblose Indoxyl der Pflanze verwandelt sich in dunkelblauen, wasserunlöslichen Indigo.

Um diesen Indigo für das Färben verwenden zu können, muß der Blaudrucker zunächst Indigopulver mit Kalk und Eisenvitriol in heißem Wasser lösen und vermischen. Durch diesen chemischen Vorgang (Reduktion = Sauerstoffentzug) entsteht nun in konzentrierter Form das gut lösliche Indigoweiß. Die Textilien werden in Färbebottichen (=Färbeküpen) mit einer verdünnten Lösung getränkt. Durch die anschließende Oxidation mit Sauerstoff entsteht beim Färbevorgang ein hellblauer Indigo-Farbton am Gewebe. Je häufiger dieser Färbevorgang wiederholt wird, umso dunkler wird das Farbergebnis.

Blüte einer Indigopflanze (Indigofera tinctoria)

Indigobrocken werden im „Pingelpott" zerrieben

In Europa gewann man den „König der Farbstoffe" lange Zeit aus dem Färberwaid. Dieser gehört zur Pflanzenfamilie der Kreuzblütler. Wie keine andere Kulturpflanze prägte der Färberwaid (Isatis tinctoria L.) das Wirtschaftsleben Thüringens im 13. bis 16. Jahrhundert.

In der Blütezeit des Waidanbaus und -handels bezeichneten Zeitgenossen den Waid als das „Goldene Vlies Thüringens". Erfurt, Gotha, Langensalza, Tennstedt und Arnstadt waren als die „fünf Waidstädte" bekannt. Die Stadt Erfurt wurde durch den Waidhandel so reich, dass sie daraus die Mittel zur Gründung der Universität im Jahre 1392 aufbringen konnte.

Der Thüringer Waid war dem anderenorts angebauten Waid aus dem Niederrheingebiet um Jülich, dem Gebiet um Nürnberg sowie aus Oberschlesien dank seiner hohen Färbekraft überlegen und bei den Färbern besonders begehrt. Das in Thüringen gewonnene Waidpulver wurde in Holzfässer abgefüllt und nach Sachsen oder in die „Tuchstadt" Köln geliefert. Über die Hafenstädte Hamburg, Lübeck und Bremen gelangte es nach Holland und nach England.

Mit der Gründung der Ostindischen Handelsgesellschaft im Jahre 1602 war der Untergang des europäischen Waids besiegelt: Die holländischen Seefahrer begannen, Indigo aus Indien zu importieren. Die asiatische

Historische Waidmühle in Thüringen, 18. Jahrhundert

Indigopflanze zeichnete sich durch eine hochwertige Qualität und je nach Färbeküpenart durch bis zu 40–50 % mehr Farbgehalt aus.

Das Jahr 1880 brachte für den Handel mit Indigo eine entscheidende Wende, da dem deutschen Chemiker Adolf von Baeyer erstmals im Labor die vollsynthetische Herstellung von Indigo aus Steinkohle gelang, so daß die Produktion aus pflanzlichen Rohstoffen fast völlig verdrängt wurde. Während der natürliche Indigo nur noch einen geringen Marktanteil besitzt, ist der künstliche Indigo ein wichtiger Farbstoff für die von Levi Strauß im Jahre 1850 in San Francisco erfundenen Jeans geworden.

Model: Schatz des Blaudruckers

Die Model sind der Schatz des Blaudruckers, nur mit diesen Werkzeugen kann er sein Handwerk ausüben. Jede Beschreibung des Blaudruckhandwerks wäre unvollständig, würde der künstlerische Bereich der Modelherstellung und Musterentwicklung außer acht gelassen. Sie werden heute in der Werkstatt des Formenstechers hergestellt, dessen Beruf inzwischen ebenso selten ist wie der des Blaudruckers.

Trotz seiner großen Bedeutung ist das Formenschneiden als eigenständiges Handwerk noch nicht sehr alt. Der Beruf des Formenschnitzers ist 1397 in Ulm erstmals belegt. Lange vor und nach dieser Zeit haben Zeugdrucker und Blaudrucker ihre Model selbst hergestellt. Man nimmt an, daß die Erfindung des Buchdruckes und die Entwicklung des industriellen Stoffdruckes und der damit gestiegene Bedarf an Druckmodel die Eigenständigkeit dieses Handwerkes vorangetrieben hat.

Mit dem Wandel der Herstellungsart der Druckformen hat sich auch die Berufsbezeichnung mehrfach geändert:

Holzstecher:
Allgemeine Bezeichnung für den Bildholzschnitzer.

Holzschneider:
Für die Herstellung der Druckmodel, welche ursprünglich rein aus Holz bestanden, wobei das Muster mit Stemm- und Stecheisen herausgestochen wurde.

Modelstecher:
Holz und Metallstifte/-streifen kombiniert

Formenstecher:
Verarbeiten nur noch Metalldrähte und -plättchen

Seit dem 19. Jahrhundert benutzte man Model, bei denen das Muster aus feinen Messingstiften und -streifen besteht, die in Birnbaumholz eingeschlagen werden. Eine Kombination aus beiden Techniken (Muster aus Holz und Metall) ist ebenfalls möglich. Damit sich der Model nicht verzieht und keine unregelmäßigen Muster entstehen, muss das Holz trocken, gleichadrig, astfrei und gut abgelagert sein. Großflächige Model sind aus drei Schichten verleimt, wobei oft Birnbaumholz mit dem leichteren Lindenholz kombiniert wird. An den Kanten oder auf der Rückseite haben die Model Handgriffe und an jeder Ecke einen Rapportstift, der auf dem Stoff eine Markierung hinterlässt, so daß ein lückenloser Druck möglich ist.

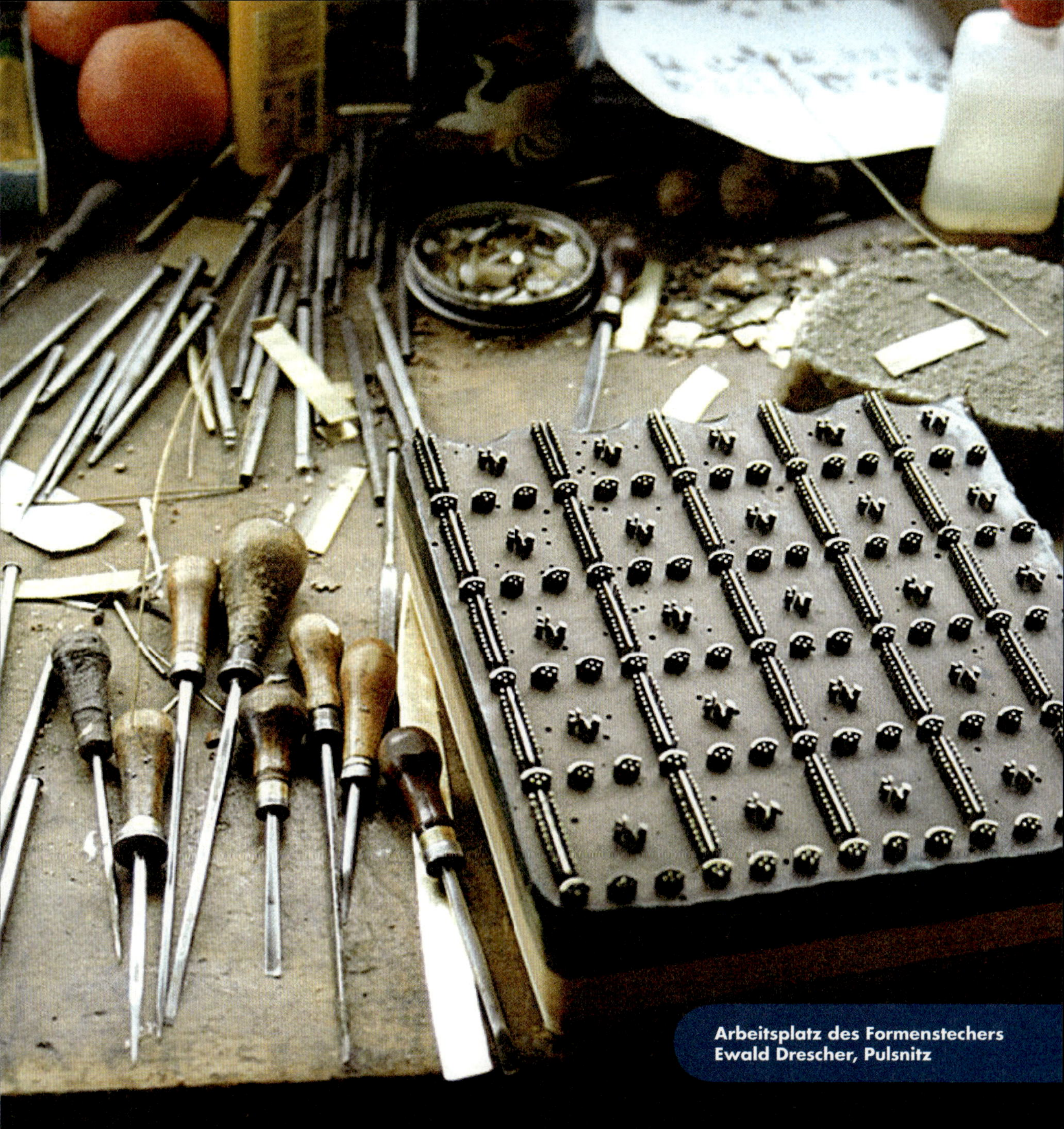

Arbeitsplatz des Formenstechers
Ewald Drescher, Pulsnitz

Die Vielfalt der Muster

Zunächst muss eine Zeichnung, ein Entwurf im Maßstab 1:1 angefertigt und auf die geglättete Seite des Holzes übertragen werden.

Dazu tränkt der Formenschneider einen Bogen Papier (z. B. Pergament) in Öl und streut Kienruß darauf. Ist das Papier ziemlich abgetrocknet, so legt er es mit der Kienrußseite auf das Holz, befestigt darüber die Zeichnung, deren Linien er mit einem spitzen Griffel entlangfährt. In Schwarz ist nunmehr das Muster auf das Holz übertragen (gepaust) worden und die technische Bearbeitung des Holzes kann beginnen.

Mit verschiedenen Schnitzwerkzeugen werden geduldig die feinen Konturen ca. 3–4 mm tief herausgearbeitet, die später nach langem Druckvorgang in weiß auf blauem Grund erscheinen. Für filigrane Formen und Linienführungen werden handgefertigte Messingstreifen und -stifte fest in vorgestochene Konturen eingefügt. Dabei können die Drähte mit einem Zieheisen bearbeitet werden, so daß sie zum Beispiel einen viereckigen oder sternförmigen Querschnitt erhalten, der dann auf dem bedruckten Stoff als Muster erscheint.

Abschließend wird die Oberfläche des Model plangeschliffen, um ein einwandfreies Druckergebnis zu ermöglichen. Wenn man die Druckstöcke betrachtet, kann man vielleicht ermessen, welche Geschicklichkeit und Geduld die Herstellung einer Form erfordert, bis jede für sich ein kleines Kunstwerk darstellt.

Der Bestand einer durchschnittlichen Blaudruckwerkstatt an Model betrug am Ende des 19. Jahrhunderts etwa 500–700 Stück. Die Model einer Werkstatt wurden sorgfältig bewahrt und weitervererbt. Gelegentlich bestand zwischen einzelnen Werkstätten eine Art „Fernverleih". Dieser Verleih sowie wandernde Gesellen beeinflussten die weite Verbreitung bestimmter Motive wie das der Traubenträger Josua und Kaleb.

Der Reißer entwirft auf dem Holzstock die Zeichnung. Holzschnitt von Jost Amman um 1568

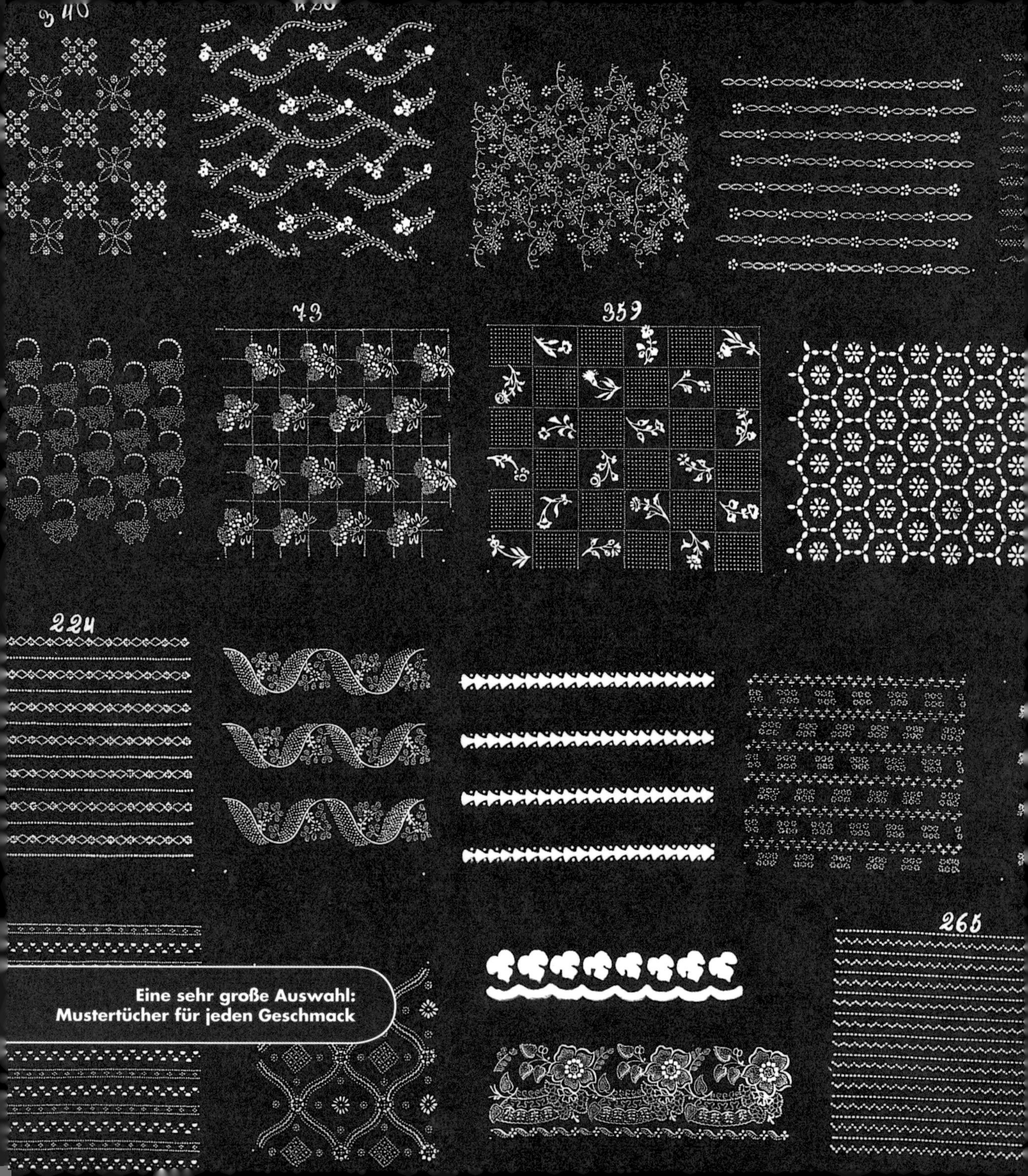

Eine sehr große Auswahl:
Mustertücher für jeden Geschmack

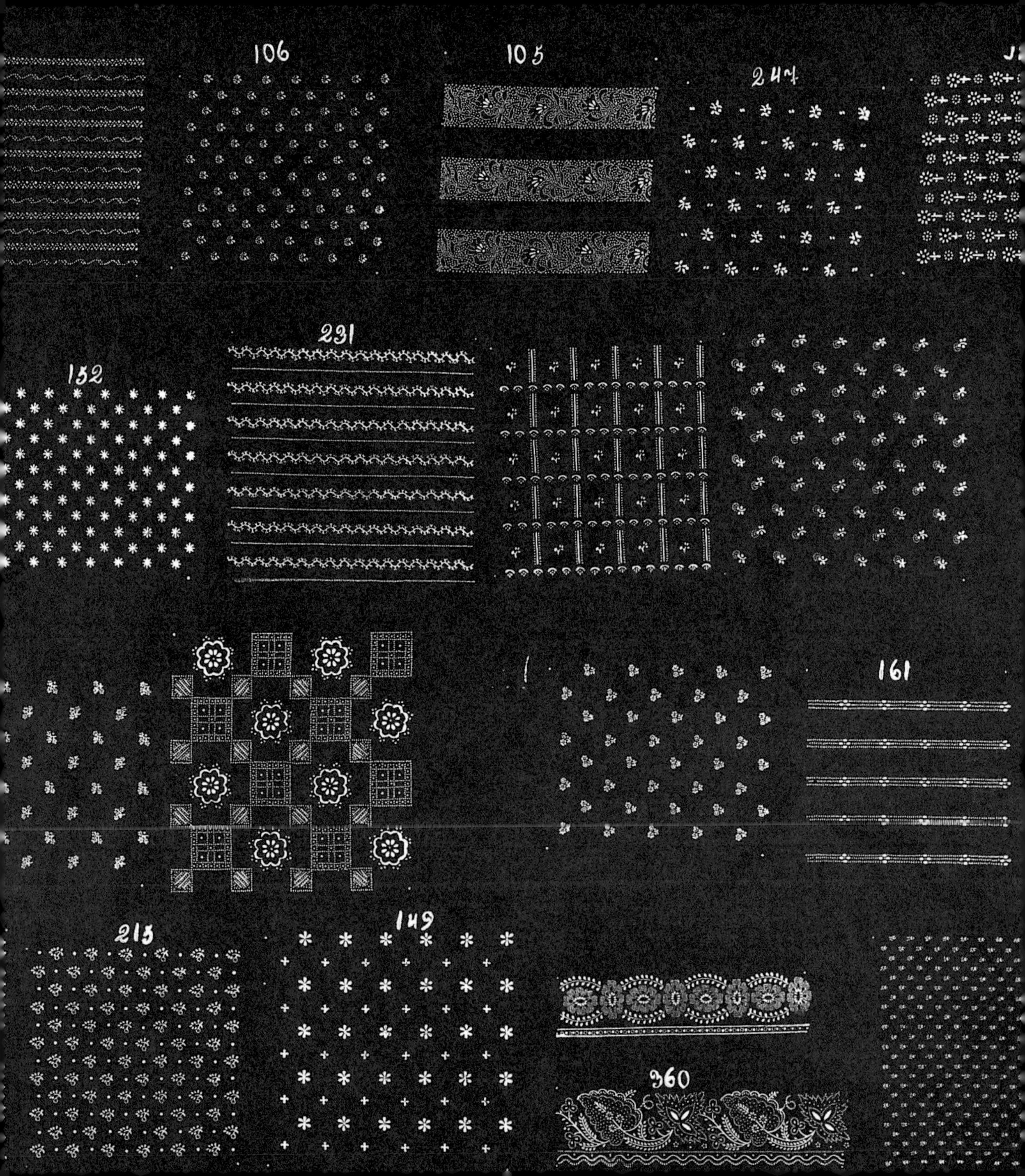
106
105
247
231
152
161
215
149
360

Ein Stück Blaudruck entsteht ...

Was man dafür braucht

Im Scheeßeler Blaudruckspeicher findet man alle Voraussetzungen für eine gut geführte Blaudruckwerkstatt.

Die Druckstube

An den beiden Querseiten sehen wir die großen Regale voller Druckmodel. Hier finden wir einfache Flächenmuster für Decken, Streifenmuster für Schürzen oder Bordüren für die Deckenumrandung, ferner großflächige Blütenornamente und figürliche Darstellungen wie z. B. die Kogge oder biblische und ländliche Motive. Die älteste, noch recht grob gehaltene Holzform ist ca. 300 Jahre alt.

Zur Einrichtung der Druckstube gehören weiter der pultartig geneigte Drucktisch und der kleine Papptisch. Der schwere, stabile Drucktisch steht am Fenster, wo günstige Lichtverhältnisse gegeben sind. Wichtig für das Drucken ist eine geeignete Unterlage, deshalb ist der Tisch mit mehreren Lagen Filz belegt und mit Nessel stramm überzogen. In Reichweite neben dem Drucktisch ist der Papptisch aufgestellt. Anstelle eines Druck-Chassis, eine Art Stempelkissen in Kastenform, verwenden wir in der Scheeßeler Werkstatt ein Druckkissen, das heißt einen gepolsterten Tisch, welcher

**Blick in die Druckstube:
Regalwand mit historischen Mustertüchern**

Halbfertige Decke, mit Grünpapp bedruckt. Nach vier Wochen Trockenzeit erfolgt das Färben und Entwickeln

mit Wachstuch überspannt wurde und über eine Abstellfläche für den Tontopf mit dem Druckpapp verfügt. Eine kleine Kastenmangel für das Glätten der Stoffe und darüber eine Vorrichtung zum Aufhängen der frisch bedruckten Stoffe vervollständigen unsere Druckstube.

Die Färberei

Das Herzstück jeder Färberei sind die in den Boden eingelassenen ca. 1,60 Meter tiefen Färbeküpen mit den darüber befindlichen Sternreifen. Diese Vorrichtung nimmt je nach Durchmesser zwischen 20 und 30 Meter Stoffbahnen auf. Durch Zugseile, die über an der Decke befestigte Umlenkrollen laufen und mit Handkurbeln betätigt werden können, werden dann die Sternreifen mit den aufgespannten Stoffbahnen in die gemauerten Küpen mit dem Indigo-Farbbad abgesenkt.

In einer großen Kunststofftonne befindet sich die Stammküpe. Sie enthält konzentrierte Farbflüssigkeit, das heißt ein Gemisch aus Indigo, Eisenvitriol, Kalk und Wasser, welche am Tag vor dem Färben den Färbeküpen zugegeben wird.

Im hinteren Bereich der Färberei ist die Waschküche mit Spülgefäßen aus Keramik und Holz, in welcher nach dem Färben die Stoffe entwickelt und klargespült werden. Im Nebenraum werden die Chemikalien für die Druckerei und Färberei gelagert.

Ein Stück Blaudruck entsteht ...

Auffällig ist hier ein schwerer runder Eisenpott, in dem das in Brocken gelieferte Indigo mit mehreren Eisenkugeln zu Pulver zerrieben wird. Durch ständiges Hin- und Herbewegen werden die Brocken durch die rotierenden Eisenkugeln zermalmt und das Indigopulver setzt sich an den Wänden des Pottes ab. Um das Indigopulver zu lösen, muß von außen an den Pott geschlagen werden. Dieses gut hörbare Klopfgeräusch „Ping-Ping-Ping" ist vermutlich der Grund, weshalb der Topf im Volksmund „Pingelpott" genannt wurde.

Mehr als ein Dutzend Arbeitsvorgänge sind auszuführen

Verwendete Stoffe:
Heinrich Müller, von dem Model und Arbeitsgeräte 1973 übernommen wurden, arbeitete hauptsächlich im Lohndruckverfahren, d.h die Kunden brachten ihre selbstgewebten Stoffe. Dieses Leinen wurde dann mit den Mustern bedruckt, welche sich der jeweilige Kunde anhand von Mustertüchern ausgesucht hatte.

Dieses grob oder fein gewebte Leinen kann seiner Struktur entsprechend mit verschiedenen Mustern bedruckt werden. In der Scheeßeler Werkstatt verwenden wir heute neben handgewebtem Leinen auch maschinengewebtes Halbleinen oder Baumwolle.

Vorbereitung der Stoffe:
Entschlichten, Stärken und Mangeln
Um beim Weben einen besseren Lauf des Fadens zu erreichen, wurde er mit einer leimigen, fettigen Masse überzogen, der sogenannten Schlichte. Damit eine gleichmäßige Färbung erzielt wird, muss der Stoff zuvor entschlichtet, das heißt in einer dünnen Sodalauge ausgekocht werden. Nach dem gründlichen Ausspülen der Lauge und dem Stärken der Stoffe mit Naturstärke erfolgt das Mangeln, damit die Stoffe glatter auf dem Drucktisch aufliegen.

Das Drucken:
Gedruckt wird mit dem sogenannten Schutzpapp (Grünpapp), welcher verhindert, daß der Stoff an den bedruckten Stellen mit dem Färbebad in Berührung kommt. Der Papp ist

Sorgfältig aufbewahrt:
Die Chemikalien für den Druckpapp

Gutes Augenmaß und sichere Hand – Voraussetzung für das Gelingen des Druckes

daher in seiner Funktion vergleichbar mit dem Wachs der Batiktechnik. Damit das Muster schön deutlich und klar erscheint, darf der Papp weder zu dick- noch zu dünnflüssig sein. Ein zu dickflüssiger Papp verschmiert das Muster, während ein allzu dünner Papp beim Färben in der Küpe den Indigo durchdringen läßt.

Die Papprezepte:
Die alten Blaudruckereien haben diese früher streng geheimgehalten und wurden von Generation zu Generation weitergegeben. Prinzipiell gliedern sich die Bestandteile des Papps in vier Gruppen:

- mechanisches Schutzmittel (z. B. Tonerde oder Pfeifenton)
- Oxidations-/Bleichmittel (z. B. Kupfer- oder Bleisalze)
- Verdickungsmittel (z. B. Gummiarabicum)
- Fett (z. B. Schweineschmalz, Terpentinöl)

Nun beginnt der eigentliche Druckvorgang: Zum Drucken werden die gestärkten Stoffe auf dem Drucktisch glatt ausgebreitet. Soll zum Beispiel eine quadratische Decke gedruckt werden, muss je nach Stoffbreite und Abmessung des Druckmodels der Stoff vermessen und entsprechende Hilfslinien gezogen werden. Auf dem Papptisch wird die Druckmasse, der Papp, gleichmäßig und dünn mit einem Pinsel, dem sogenannten Streichholz, ausgestrichen. Der Druckstock (oder Druckmodel) wird auf dem Papptisch aufgesetzt und nimmt somit den Schutzpapp auf.

Dabei muss der Drucker darauf achten, daß die Form gleichmässig benetzt ist, damit das Motiv vollständig geschützt (reserviert) werden kann. Beim Bedrucken des Stoffes sollte ein Abdruck exakt neben dem anderen sitzen. Dies wird durch vier in den Eckpunkten befindliche Pass- oder Rapportstifte, die auf jeder Druckform angebracht sind, erleichtert.

Der Model wird vor jedem Druckvorgang in den Papp getaucht, zügig auf den Stoff gesetzt und mit einigen Faustschlägen fest auf den Stoff gepreßt. Der oben beschriebene Druckvorgang wird so oft wiederholt, bis die eingezeichnete Fläche des Stoffes mit dem gewünschten Muster bedruckt ist. Für das Drucken von Randbordüren muß der Stoff an den Ecken in einem Winkel von 45° mit Papier abgedeckt werden, damit die Randmuster in den Ecken schräg zusammenpassen.

Nach vollendeter Arbeit wird der Model gründlich mit klarem Wasser und einer feinen Bürste gereinigt.

Die fertig bedruckten Stoffe werden in der Druckstube zum Trocknen aufgehängt. Da im Druckpapp auch Bleichmittel enthalten sind, wirkt sich eine längere Trocknungszeit positiv

Ein letzter kritischer Blick ...

Schon vor dem Färbebad läßt der aufgedruckte grüne Papp als Spiegelbild das Muster erkennen

Die einzelnen Stationen des Färbens

auf das Endergebnis aus, denn je länger die Trocknungszeit ist, desto leuchtender tritt das weiße Muster der fertigen Ware hervor. Der aufgedruckte Papp schützt die vorgesehenen Stellen vor dem Anfärben und muß steinhart antrocknen, damit er beim Färben in der Indigoküpe nicht aufweicht und verläuft. Daher beträgt die Trocknungszeit mindestens vier Wochen.

Das Färben in der Indigo-Küpe:
Das eigentliche Färben nimmt einen ganzen Tag in Anspruch. Am Vortag wird in den beiden Farbküpen die Flüssigkeit mit einem großen Rührholz kräftig aufgerührt. Dabei wird je nach Beanspruchung und den zu färbenden Stoffen aus der Stammküpe Indigokonzentrat entsprechend nachgegeben. Über Nacht beruhigen sich die Küpen, Kalk und Eisenvitriol setzen sich am Boden der Küpen ab und in der Schwebe bleibt „Indigo-Weiß", eine fast farblose Flüssigkeit.

Am Färbetag wird die „Blume", blauer Schaum auf der Küpe, der sich beim Umrühren gebildet hat, vorsichtig abgeschöpft, damit diese sich nicht auf den Stoffen absetzt und so eine gleichmäßige Färbung ungünstig beeinflusst.

Nun werden die zu färbenden Stoffe in die Sternreifen über der Färbeküpe eingespannt und mit kleinen Gewichtsstücken beschwert, damit sie glatt im Färbebad hängen.

Das „Entwickeln" im Säurebad

Die glatten Stoffe werden dann langsam in die Küpen hineingelassen und bleiben dort 20 Minuten, damit sie mit der Flüssigkeit benetzt werden. Anschließend werden die nassen Stoffe zum „eigentlichen Färben" an die Luft gezogen. Bekanntlich färbt sich Indigo in der Verbindung Indigo-Weiß und Sauerstoff zum Indigo-Blau, daher ist der Stoff zunächst gelb-grün und färbt sich innerhalb der ersten 20 Minuten zu einem hellen Blau.

Diesen Vorgang, 20 Minuten in der Küpe zum Benetzen und 20 Minuten zum Färben an der Luft, bezeichnen wir Färber als einen „Zug". Zehn Züge sind notwendig, um ein kräftiges Blau zu erhalten. Damit ein möglichst gleichmäßiges Färbeergebnis erzielt wird, werden die Stoffe nach fünf Zügen umgehängt, das heißt daß das obere Stoffende jetzt nach unten gehängt wird.

Nach Beendigung des Färbens ist der gesamte Stoff tief dunkelblau und ein Muster ist nicht erkennbar – nun kann mit dem Entfernen des Druckpapps, dem sogenannten „Entwickeln", begonnen werden. In einem schwachen Schwefelsäurebad werden die Stoffe eingeweicht und ausgiebig hin- und hergeschwenkt. Die Schwefelsäure löst den bis hierher festen Schutzpapp chemisch auf, der Färber spült die Papp-Reste heraus, und überall zeigt sich ein klares, weißes Muster. Erst zu diesem Zeitpunkt kann der Blaudrucker feststellen, ob der Druck gelungen ist und er den Zauber des „HEXENS UND BLAUFÄRBENS" beherrscht.

Nach dem Entwickeln werden die Stoffe sehr sorgfältig in klarem Wasser gespült, damit sowohl Säure als auch überschüssige Farb- und Pappreste vollständig entfernt werden. Traditionell besorgten früher Gesellen und Lehrlinge das Spülen im fließenden Wasser des nahe gelegenen Baches.

Nachbehandlung – Stärken und Mangeln

Nach dem Spülen werden die Stoffe gestärkt, getrocknet und gemangelt. Auf besonderen Wunsch glänzte der Blaufärber in der Vergangenheit die Stoffe, denn Geglänztes wirkte kostbar und festlich.

Dieses Glänzen geschah auf der Glätt-Tafel. Das war ein schmaler, länglicher Holzbock, auf dessen Platte ein 2–3 Zoll dickes Brett angeschraubt war. In der Längsrichtung dieses Brettes war eine halbrunde Kehle oder Fugen ausgehobelt. In ihr bewegte sich ein Stabpendel, dem am unteren Ende der faustgroße Glättstein eingesetzt war. Mit ihm glitt der Stein Bahn für Bahn so oft über das Gewebe, bis es glänzte. Der dafür benötigte Feuerstein wurde nur an einigen Orten der Seeküste gefunden – andere Blaufärber nahmen sogar Achat, andere – die sparsam sein wollten – einen Glättstein aus Glas.

Immer noch Handarbeit wie in alter Zeit ...

Endlich das Ergebnis!

Die Kaffeetafel lädt ein

Der Blaudruck in Scheeßel

Die Blaudruckerei Crone

Adolf Crone (1807–1875) muß ein weitblickender Mann gewesen sein. Der junge Walsroder Färbe- und Blaudruckermeister sah in dem nur etwa 600 Einwohner zählenden, zwischen Moor und Heide gelegenen Dorf Scheeßel eine Möglichkeit, sich eine Existenz aufzubauen.

Die Gründe für seinen Optimismus waren vielfältig: Durch intensiven Flachsanbau und ausgedehnte Schafzucht hatten die Scheeßeler die Rohstoffe, aus denen sie an den langen Winterabenden im „Hausfleiß" durch Spinnen und Weben Textilien herstellten. Sie deckten nicht nur den Eigenbedarf, sondern brachten durch Verkauf bis nach Hamburg und Bremen etwas Bargeld ins Haus.

Die Scheeßeler Frauen hatten schon immer einen Sinn für das Schöne und Geschmackvolle, und die enge Verbindung zu den Großstädten gab die Möglichkeit, ihre schlichte, meist blauweiße Alltagskleidung für die Festtage durch Samt, Bänder, Spitzen und

Das bekannte Manufakturwarengeschäft A. Crone, Inh. H. Kolkmann, Scheeßel, gegründet 1847

Adolf Crone I

Wilhelm Crone

Adolf Crone II

bunte Borten farbenfroher und schmuckvoller zu gestalten.

Adolf Crone schätzte auch die allgemeine wirtschaftliche Entwicklung auf dem Lande richtig ein: Die tiefgreifenden Reformen auf dem Gebiete der Landwirtschaft in den letzten Jahrzehnten, die Erkenntnisse und Nutzung der Agrarchemie und die Fortschritte der Technik, die große Brachflächen zur Kultivierung erschlossen, die rationellere Betriebsführung, die zu einer vielfältigeren Nutzung der Möglichkeiten führte, ließen mit einer weiteren Zunahme des Wohlstands rechnen.

Von dieser Hebung des Lebensstandards der ländlichen Bevölkerung profitierte auch Adolf Crone, so daß er 1847 – schon zwei Jahre nach der Gründung seines Betriebes – ein stattliches Fachwerkhaus bauen und den Scheeßelern außer dem Färben auch das Blaudrucken ihrer Stoffe anbieten konnte. Einen weiteren Faktor erkannte Adolf Crone sicherlich: Die Verkehrsverbindungen hatten sich durch Straßenbau und fortschreitende Ausdehnung des Eisenbahnnetzes so verbessert, daß er einen überregionalen Handel mit Textilien beginnen konnte, dessen Erfolg den Ertrag seines Handwerks bald übertraf. Er ermöglichte daher seinem Sohn Wilhelm (1840–1924) außer der Lehre als Färber und Blaudrucker auch noch eine kaufmännische Ausbildung. Wilhelm Crone übernahm 1866 das Geschäft und baute es weiter aus. Im Gemeindeleben wurden seine Erfahrung und seine konstruktiven Ratschläge sehr geschätzt.

Unter der Leitung seines Sohnes Adolf (1865–1926) wuchs der Textilhandel so an, daß eine Modernisierung und räumliche Vergrößerung des Geschäfts notwendig wurde. 1905 wurden Färberei und Blaudruck aufgegeben.

Adolfs Crones Schwiegersohn Hermann Kolkmann übernahm 1927 den Betrieb und baute ihn zu einem angesehenen Kaufhaus für Textilien und Haushaltswaren aus, das noch heute von seinen Nachkommen als Familienunternehmen geführt wird.

Die Blaudruckerei Müller

1872 errichtete Adolf Müller (1845–1918) auf dem väterlichen Anwesen, dem „Haus am Bach", einen Anbau, um darin eine Färberei und Blaudruckerei zu eröffnen.

Die Aussichten waren günstig, denn in Scheeßel hatten Bevölkerung und Wohlstand zugenommen, und die farbigen und mit vielfältigen Mustern bedruckten Stoffe waren ein fester Bestandteil der bäuerlichen Kleidung geblieben. Der seit fünfundzwanzig Jahren in Scheeßel ansässige Blaudrucker Crone konnte dem gestiegenen Bedarf offenbar nicht mehr nachkommen. Adolf Müllers Betrieb rentierte sich, so daß er 1902 eine „Chemische Waschanstalt" mit zusätzlichen Annahmestellen in Brockel, Fintel und Ottersberg anschließen konnte.

Sein Sohn Heinrich (1876–1950) absolvierte in Verden und Scheeßel eine Lehre als Färber und Blaudrucker und ging, der Tradition folgend, auf Wanderschaft.

Sie führte ihn in die Schweiz, nach Tirol und nach Schlesien, wo er Berufserfahrungen sammelte, vor allem aber seiner Leidenschaft, dem Aufspüren alter Druckmuster, nachgehen konnte. Er brachte zahlreiche, oft einige Jahrhunderte alte Model mit nach Hause und vervollkommnete seine eigenen Kenntnisse in der Technik des Formenschnitzens.

In der engsten Nachbarschaft, in Stade, fand er Anregungen und Vorbilder: Im 18.Jahrhundert war dort der Blaudruckermeister Rupert Daniel Meyer tätig, dessen Sohn Hinrich Daniel das Handwerk fortführte und sich zu einem künstlerisch überragenden Modelschnitzer entwickelte. Von ihm stammen Motive wie z. B. das Granatapfelmuster und figürliche Darstellungen wie „Fridericus Rex", die „Chinesische Jagd" und die „Gartenszene (Schäferstunde)" aus der Zeit des Rokoko.

Es ist Heinrich Müllers großes Verdienst, daß er nach dem Tode des letzten Stader Blaudruckers, Carl Friedrich Graevius, einen Großteil dieses wertvollen Bestandes an alten Model rettete, sie weiter verwendete und aus den zum Teil mittelalterlichen Motiven wie Granatapfel, Palmette und Rankenwerk immer neue Kombinationen zusammenstellte und neue Druckformen schnitzte.

Heinrich Müller und Geselle bei der Vorbereitung zum Mangeln

Für die Scheeßelerinnen hatte es einen besonderen Reiz, die selbst hergestellten Stoffe auch mit selber ausgewählten Mustern bedrucken zu lassen: Streublümchen, Ranken und kleinteilige geometrische Formen für Schürzen und Röcke des täglichen Gebrauchs, großblumige Ornamente für Tischdecken und Vorhänge.

Diese individuelle Auswahlmöglichkeit von Format, Muster und Anordnung – je nach Verwendungszweck des Stoffes – war auch für den in Lohndruck arbeitenden Heinrich Müller eine Herausforderung an Phantasie und rationellem Planen.

Er verfolgte aufmerksam die Zeitströmungen und erkannte, daß durch das wachsende Angebot an billigeren, maschinell hergestellten Druckstoffen für die Alltagskleidung in Zukunft seine Arbeit allenfalls noch für die prächtigen Scheeßeler Trachten gefragt war. Dieser Niedergang war auch für andere Bereiche des ländlichen Handwerks zu verzeichnen.

Mit der Gründung von Heimatvereinen, die für die Erhaltung des Traditionellen, in Generationen Gewachsenen kämpften, kam am Anfang des 20. Jahrhunderts eine Trendwende auch für Heinrich Müller. Die Begriffe „Heimatkunst", „Volkskunst" veranlassten ihn, Muster aus dem bäuerlichen Leben und teils selbst entworfene Motive für Tischdecken, Vorhänge und andere Textilien der Wohnkultur zu verwenden. Diese Arbeiten fanden auch überregional großen Anklang, so daß er häufig zur Teilnahme an Ausstellungen und Messen eingeladen wurde. Zu den Künstlern der Bremer Böttcherstraße und zu Worpswede pflegte er enge Beziehungen.

Heinrich Müller bei der Modelherstellung

Trotz aller Beschränkungen der Kriegs- und Nachkriegszeit führte er seine Arbeit fort. Den frühen Verlust seines Sohnes und Nachfolgers Kurt Müller (1910–1948) empfand er als Verpflichtung, sein Werkzeug erst bei seinem Tode 1950 aus der Hand zu legen.

Blaudruckerei im Scheeßeler Heimatverein

Mit Heinrich Müller wäre in Scheeßel das Blaudruckerhandwerk für immer ausgestorben, wenn es nicht in den Nachkriegswirren den gebürtigen Schlesier Alfons Friese nach Scheeßel verschlagen hätte und er nicht einer der letzten von Heinrich Müllers zahlreichen Lehrlingen geworden wäre ...

Anfang der siebziger Jahre entstand im Scheeßeler Heimatverein der Plan, dieses alte Handwerk wieder zum Leben zu erwecken. Nach intensiven Verhandlungen gelang es dem Vorstand, das Inventar der Blaudruckerei Heinrich Müller fast vollständig zu erwerben. Ziel des Heimatvereines war es, nicht ein Museum im herkömmlichen Sinne, sondern eine funktionsfähige Werkstatt zu schaffen, in welcher nach alter Tradition gedruckt und gefärbt werden sollte.

Alfons Friese hatte sich zwar inzwischen beruflich anders orientiert, war aber sofort bereit, in seiner Freizeit wieder als Blaudrucker aktiv zu werden. Er verstand es, weitere Mitglieder des Heimatvereins für das Handwerk zu begeistern und ihnen seine profunden Kenntnisse zu vermitteln.

Seit 1975 werden in der Museumswerkstatt Stoffe mit Papp bedruckt, und seitdem heißt es hier: „Was gut grünt, das gut blaut", wenn diese in der Indigoküpe gefärbt werden.

Soll der Druck gelingen, ist das ohne einen reichen Erfahrungs- und Wissensschatz kaum möglich, aber partnerschaftliche Beziehungen zum Färbermeister Wittram in Einbeck (1976) und zur Firma Koch in Neustadt (Holstein) vermittelten weitere wichtige „letzte Kniffe" dieses Handwerks.

Ein Artikel über die Blaudruckwerkstatt im Scheeßeler Heimatmuseum, der 1975 im Berliner „Tagesspiegel" erschien, führte dazu, daß Kontakte zu ehemaligen Lehrlingen der Blaudruckerei Heinrich Müller, zu Werkstätten der damaligen DDR sowie zu Kunsthistorikern zustande kamen. Bald füllte sich das Archiv des Heimatvereins mit wissenschaftlichen Abhandlungen, welche bei den von unseren Blaudruckern begleiteten Examensarbeiten den praktischen Teil sinnvoll ergänzten. Funk und Fernsehen stellten sich zu Reportagen ein, Dias und Filme zum Thema Blaudruck wurden für bekannte Museen angefertigt.

1981 wurde die Ausstellung „Blaudruck einst und heute" mit vielen Leihgaben aus der Blaudruckerei Crone sowie aus der Scheeßeler Bevölkerung gezeigt. Der Erlös aus dem Verkauf von Sets und Lesezeichen wurde zur Finanzierung eines Heftchens zum Blaudruck in Scheeßel verwendet, das 1982 herausgegeben wurde. Zum zwanzigjährigen Bestehen der Blaudruckerei konnte die Ausstellung Blaudruck in Geschichte und Gegenwart gemeinsam mit einer Studentin der Universität Bremen erarbeitet werden. Zahlreiche

Schautafeln und Exponate vermittelten ein umfassendes Gesamtbild des Handwerks. Begleitend dazu stellten das Tagebuch, zeitgenössische Abbildungen und Landkarten die Wanderzeit eines Färbergesellen des 19. Jahrhunderts lebendig dar. Im Museumsgarten wurden Färbepflanzen wie Waid, Indigo, Krapp, Färberscharte und Färbekamille angebaut.

„Blaue Hände, blankes Geld bringen den Färber durch die Welt", so lautete einst ein Spruch der Wandergesellen, denn auch in diesem Beruf konnte man ohne die auf der Wanderschaft erworbenen Kenntnisse keine Meisterprüfung ablegen oder sich selbständig machen. Blaue Hände, das gilt auch für das Blaudruckerteam, das begeistert von seinem Hobby ehrenamtlich in der Werkstatt des Heimatvereins arbeitet. Die zahlreichen interessierten Besucher kommen aus vielen Nationen, denen gerne Einblick in das Geheimnis um Model, Papp und Indigo gegeben wird. Produziert wird nach wie vor nicht für den Verkauf, sondern historische Trachtenschürzen und -bänder für die mit dem Heimatverein eng verbundenen Trachtengruppen, ebenso Gastgeschenke für das jährliche Trachtenfest und Decken/Tücher als Ehrengeschenke für verdienstvolle Mitarbeiter des Heimatvereins.

Alfons Friese – der Überlieferer des Scheeßeler Blaudrucks

Der Scheeßeler Blaudruck lebt weiter – zur Freude aller!

Literaturnachweis

Bachi-Nussbaumer, Erna:
So färbt man mit Pflanzen.
Bern, Stuttgart 1980

Behrens, Ludwig:
Aus der Blütezeit des Handblaudrucks.
In: Niederdeutsches Heimatblatt, April 1964

Bindewald, Erwin und Kasper, Karl:
Bunter Traum auf gewebtem Grund.
Berlin, 1936 – 2. Aufl. 1950

Boyken, Martin: Weltweite Heimatkunst.
Stader Archiv, 1949–1950

Friese, Alfons:
Der Scheeßler Hand-Blaudruck.
In: Rotenburger Schriften,
Heft 34 – Jahrgang 1971

Forrer, Robert:
Die Zeugdrucke der byzantinischen, romanischen und späteren Kunstepochen,
Straßburg i. Els., 1894

Forrer, Robert:
Die Kunst des Zeugdrucks vom Mittelalter bis zur Empirezeit,
Straßburg i. Els., 1898

Goltz v. d., Theodor:
Geschichte der deutschen Landwirtschaft
Stuttgart 1903, Aalen 1984

Goerschel, Hans-Jürgen:
Blaudruck – ein altes Handwerk – MOBILE – Außenstelle Landesmuseum Oldenburg,
Aurich, 1979

Koch, Johannes Hugo:
Mit Model, Krapp und Indigo.
Christians-Verlag, Hamburg, 1984

Müllers, Rose: Blau mit weißen Blumen.
Coppenrath Verlag, Münster, 1977

Nixdorff, Heide und Müller, Heidi:
Weiße Westen – Rote Roben.
Staatliche Museen Preuß. Kulturbesitz,
Berlin 1983

Ploss, Emil Ernst:
Ein Buch von alten Farben.
Impuls Verlag Heinz Moos,
Heidelberg, 1962

Schöning, Dipl.-Ing.:
Der Blaudruck. Buxtehuder Heimatbücher,
Bd. 1, 1936